Marcel Nuss

Aveux de faiblesses

Édition : BoD – Books on Demand,
12/14 rond-point des Champs-Élysées, 75008 Paris
Impression : BoD - Books on Demand,
Norderstedt, Allemagne

©Autoéditions – Marcel NUSS
Dépôt légal : mars 2022
Couverture : Jill NUSS
ISBN : 9782322388332

Le Code de la propriété intellectuelle n'autorisant, aux termes des paragraphes 2 et 3 de l'article L. 122-5, d'une part, que les « copies ou reproductions strictement réservées à l'usage privé du copiste et non destinées à une utilisation collective » et, d'autre part, sous réserve du nom de l'auteur et de la source, que les « analyses et les courtes citations justifiées par le caractère critique, polémique, pédagogique, scientifique ou d'information », toute représentation ou reproduction intégrale ou partielle, faite sans le consentement de l'auteur ou de ses ayants droit ou ayants cause, est illicite (article L. 122-4). Cette représentation ou reproduction, par quelque procédé que ce soit, constituerait donc une contrefaçon sanctionnée par les articles L. 335-2 et suivants du Code de la propriété intellectuelle.

Ça va vers la fin
la fin de qui
la fin de quoi
d'une certaine faim
ça va vers une autre faim
peut-être une autre foi

J'aurais voulu être un gitan
à courir après le vent tout le temps
j'aurais voulu être un mécréant
à filouter la vie à chaque instant
je suis un humain à la fin des tant

Nos corps ne se rejoindront plus
faute d'avoir été nourri
le désir s'est enfui vers des contrées plus exubérantes
qui nous illumine nos complicités harmonieuses
nous n'étions pas destinés à la bagatelle ensemble
et maintenant
je n'arrive plus à voir le sens et l'intérêt des agapes charnelles
je n'ai plus la force de désirer
le désir a besoin d'énergie
et d'imagination
je suis sans regret
j'ai vécu !

Le temps foule pas à pas les jours et les nuits
on dirait que la nature ronronne
il n'y a que toi moi le chien
et la vie qui pépie comme toi
dans notre oasis paradisiaque
fourmillant de sérénité
la vie est belle lorsqu'elle s'émerveille d'elle-même
la vie est belle lorsqu'elle foisonne de légèreté
sous un soleil printanier adouci par un zéphyr pétillant
et tous ces oiseaux qui fourmillent dans les arbres
tous ces insectes qui folâtrent alentour ces écureuils ces geckos ces poissons
plénitude bucolique
le vivant dans toute sa diversité
la vie est belle lorsqu'elle est savourée paisiblement
la vie est belle lorsqu'elle peut laisser libre cours à ses enchantements
je suis vivant
je serai toujours vivant dans cette effervescence vitale
je suis qu'en transition d'amour

Le ciel
le ciel est bleu
prendre le temps
renoncer au temps
le temps qui fuit
inexorablement
le ciel
et les étoiles
rejoindre les étoiles ou le néant
décrépitude
décrépitude somnolant sous le ciel
le temps est compté
un peu plus chaque jour
où est le compte à rebours
où est le compte sans détour
je regarde le ciel comme une éternité
qui m'enveloppe de son soleil
je suis vivant
jusqu'à quand
je suis vivant
mais comment
comment suis-je vivant
le corps amoindri
le cœur flanchant
les yeux traînent lamentablement leurs paupières
entre les rais de lumière

L'uniformité des jours est une mélopée insondable
mon amour il reste l'amour il restera toujours l'amour
et la douceur des chants d'oiseaux
sur les douleurs des maux en lambeaux
je desquame comme si je partais en poussière
comme si la vie m'allégeait du superflu
il y a tant de superflu en nous
il faut une vie pour l'apprendre

Demi-conscience demi-absence
qui suis-je où vais-je
où vais-je
où ai-je la tête
l'esprit embrumé
dehors il fait beau
mais il fait chaud mais il fait froid mais il fait vent
mais je l'aime
on reste dedans
concession de la différence
conception de l'amour
amour frustration consentie
dehors c'est la vie c'est l'envie
dedans l'esprit embrumé
de somnolences redondantes
mais je l'aime
pouvez-vous comprendre cette dichotomie
c'est l'amour juste l'amour
peu m'importe le chaud le vent dehors c'est encore la vie
mais je l'aime

Terrassé sur la terrasse
le regard accroché aux branches
la tête dans la mélasse
comme ci comme ça couci-couça
un jour ça va un jour pas ou moins
je suis terrassé mais sur la terrasse
sous un soleil de printemps
les paupières s'effondrent d'épuisement
je suis mort et vivant
c'est fatigant d'être fatigué
les mots patinent
zombie dérisoire soudain
sous l'encensoir d'un ciel radieux
court-circuit intellectuel
profitez de l'instant
je reviens

Je l'aime
je l'aime tant
mais pas de la désirer
le cœur n'y est plus
la chair a oublié le goût de la chair
tant de moi s'est écoulé tant d'années sont passées
j'ai peur que nos corps soient déçus

je l'aime
je l'aime tant
elle aimerait tant comme avant mais
elle en parle toute effarouchée mais
notre amour est si fort sans
j'ai perdu le goût du sang
j'ai perdu le sens du désir
je l'aime tant
d'un amour transcendant
c'est quoi être un amant ?

Il suffit de peu pour réenchanter la vie
toute cette vitalité qui fourmille et folâtre alentour
cette végétation exubérante qui s'épanouit au soleil
ce silence méditatif et apaisant
je suis l'enfant de l'éternité

il suffit de peu pour réenchanter l'amour
un sourire un chant d'oiseaux qui s'égaye dans les branches
et le bercement de ta voix sous l'azur
toi qui papillonnes et rayonnes à profusion
toi qui gazouilles comme un oisillon devant le vertige du vide
pendant que mon cœur balbutie en souriant à l'envi
suspendu à l'instant présent

Lorsque je partirai mon amour
il te restera notre paradis d'amour
que nous avons bâti par amour
avec tout notre amour

Lorsque je partirai un jour
je te laisserai la vie enchanteresse qui nous entoure
où je viendrai me nider pour vibrer sans détour
avec ton âme en apothéose en ultime recours

Ô ses baisers si doux
si liquoreux au goût
je chavire et je respire
avec un soupir d'amoureux fou

Mon amour si je suis debout
c'est parce que je suis suspendu à ton cou
regardant l'horizon qui bout
je chavire et je te loue

Le bonheur est simple après tout

    La cagole
   sous la cagoule
    cajole cajole
     et
   je rigole rigole
    de la cagole
   qui me riboule
   jusqu'à l'ivresse

La délicieuse émotion de l'urgence des mots
besoin irrépressible de noircir des pages vierges de toute pensée
l'urgence de vivre
est dans chaque silence
qui entonne mon inspiration
dis-moi ce que tu écris je te dirai qui tu es
je suis jusqu'à l'euphorie parfois
je vous aime
je vous aime urgemment
il n'y a pas de temps à perdre
pour aimer ardemment
la vie sa vie
et le temps qui reste

Pleurer
j'aimerais pleurer
abîmé de constamment prendre sur moi
émotions refoulées
pour préserver la relation
émotions coups de poignard dans le cœur
je meurs
de ne pas pleurer
à force de prendre sur moi
pour tant d'immaturité
qui dégouline intarissable de vos lèvres
l'humain est sa propre caricature
et je suis ma propre morsure

L'amour n'a pas d'a priori
noir jaune ou gris
gras cru ou petit
tant que tu es vie
et que l'amour est libéré
tout est permis
mais y crois-tu ?

L'amour n'est amour que libre
de toute tentation d'entrave
la liberté de l'aimé
ne se monnaye pas elle se cultive
l'amour n'est libre que si tu es libre
Es-tu libre ?

Dis dingue donc
qu'est-ce qui cloche
dans ta caboche
qui sonne les matines
lorsqu'elle approche
toute mutine ?

Un jour avec un jour sans
hier c'était hier demain
demain c'est loin
je trébuche je réagis
je rugis en bayant aux corbeilles
rien n'y fait
un jour avec un jour sans
on s'y fait lentement
la vie après tout n'est que du consentement
tu prends ou pas
ça te fait quoi ?

Qui suis-je où vais-je
je ne sais plus où j'en suis
mon esprit déconfit s'avachit
au gré d'un corps en sursis
je cherche mes mots
la tête en bouillie le crâne abruti
cette fatigue pernicieuse
qui me poursuit qui me poursuit
sauf la nuit
le jour certains jours
je m'assoupis impuissant à me retenir à l'envie
le temps s'enfuit
ma vie est une ivrognerie
avec des moments de répit
je ne suis plus que mon ombre certains jours
épuisé de résister à l'adversité
la mort à vif
la vie à mort
et l'amour toujours l'amour encore l'amour
qui tient la route

me nourrit de son regard pétillant
et l'espoir de me réveiller
l'esprit clair et le cœur léger
allégés de la brume asthénique

Épicurisme
art de savourer des petits riens
de déguster la vie par petits bouts
d'être heureux de peu quand la disette sévit
le plaisir se niche partout
partout où il y a un peu de lumière
pour éclairer un coin de la nuit

Savoir aimer les
plaisirs qui ravissent l'instant
de bonheurs fugaces en suspens
chaque met chaque rire chaque caresse du soleil
est un répit magique
qui vient adoucir les tourments
car la vie est magique derrière le tragique
la vie est belle
lorsqu'on la prend humblement

Des bols et ses mains
les bols qui résonnent et ses mains qui m'entonnent
baume sur mes plaies invisibles
je vibre
je plane
apaisement sublime
je vibre
je suis ivre
d'amour

Cessez de geindre
de vous plaindre à tout bout de champ
vous préférez être assistés
pourquoi pas c'est votre droit
c'est un choix comme un autre
vous ne voulez pas vous cultiver connaître vos droits
quitte à être spoliés malmenés infantilisés
pourquoi pas c'est votre droit
mais par pitié cessez de geindre
soyez au moins digne dans votre survie
assumez votre choix
d'être assisté
plutôt que de payer le prix
de la liberté et de l'autonomie

Je tâtonne entre ciel et terre
à chercher un équilibre
afin de garder la fibre
en vivant entre paradis et enfer

Il faut aimer les mystères
pour trouver du sens à l'existence
et saisir la lumière
dans ses plus subtiles fragrances

Je ne suis rien et je suis tout
tout ce que tu veux et tout ce que je peux
j'ai tant et tout voulu ma vie durant tout
et tant que je la somme de mes vœux
arrivé au zénith de mes aveux

L'uniformité m'ennuie
j'aime la diversité une vie pimentée
imprévisible impromptue et mutine
vous vous imaginez vous
vivre sans pépin
une vie durant
mais c'est mortel !

Je me délite
je m'effrite
la cervelle confite et la raison déconfite
macérant dans une marinade de léthargie et de Mort
subite
le houblon mousse dedans ma tête recuite
et les mots disjonctent dans mes synapses en fuite
je suis en orbite autour de ma ligne de conduite
réveillez-moi avant le terminus j'ai rendez-vous avec
Magritte

Entre les stands animés
la foule grouille sur l'asphalte
tronches masquées
qui sillonnent les allées
environnées de senteurs alléchantes
et d'un bourdonnement continu de vie
et de voix qui voguent du regard
au-dessus des cagettes et des cageots
débordant de victuailles
c'est jour de marché
les produits s'étalent impudiques
sous un soleil méridional

il suffit de se pencher pour se régaler

Je m'accroche aux mots comme on s'accroche à un espoir ténu
lorsque la branche cassera les mots n'auront plus d'existances
les vers seront dans le fruit et les rimes

Dormir
plonger dans le néant
partir à la dérive d'une nuit-océan
dormir
porté par le temps en suspens
dans la douceur d'un sentiment d'éternité

il y a de l'invulnérabilité dans le sommeil
dormir
quelle volupté
de ne plus penser
de ne plus se démener avec ses démons diurnes
apaisement suprême que de
s'abandonner à la sagesse du temps

Je me suis vu trop beau
je me suis cru invincible
j'avais beau savoir que ça ne durerait guère
mais
je voulais encore y croire
être encore un peu le plus fort
je ne voulais pas t'infliger ma dégringolade
je ne voulais pas être une astreinte dérisoire
je ne voulais pas que tu me voies dépérir à petit feu
misérablement décrocher sous tes yeux
mais
je ne suis pas Dieu le père ni même tout à fait Saint d'Esprit
je n'ai pas le pouvoir de faire la pluie et le beau temps
mon amour que tu me touches avec ta vaillance inquiète
je croquais la vie ardemment je craque désormais l'envie sans dents
hier je suis mort avec allant demain je suis passablement vivant
tout dépend du sens du vent tout mais absolument tout

Épave
échouée dans le lit de la civière
avant d'être mise en bière blonde
je suis une épave hédoniste
échouée peut-être mais dans des plats gourmets
des mets divins avant l'heure
des agapes de bon vivant
épave avant mais pas pendant
la vie se déguste posément bercée par le chant
des oiseaux et de mon amour qui roucoule
épave mais dignement
tout est une question d'état d'esprit
même le déclin
d'un vieux parchemin émoussé par son destin

Je ne suis plus moi je ne suis pas toi
Je suis une bouffissure en fin de droits.
Je vois de moins en moins le jour
à quand la Nuit infinie ?
Enfin l'Amour !

Que j'aimerais rejoindre le cimetière des éléphants
loin des regards des inquiétudes des tourments
que je suscite dans vos cœurs impuissants
je suis trop pudique pour déchoir devant votre peine
il faut savoir humblement rejoindre la Plaine

Que j'aimerais me replier dans ma lente déclinaison
loin des oraisons et des horizons mortifères
qui jonchent les jours délétères à force de se dissoudre
dans un vide temporel de baudruche désemparée
suis-je dans la salle d'attente de mon éternité
je ne sais que dire que penser de cette vie amoindrie

J'aime ces instants doux suspendus à nous
où le crépuscule irradie le ciel qui nous habille
tout semble simple tout semble évident
je te savoure doucement pour m'imprégner de ta soie
bercé par la douceur du soir qui enveloppe
nos voies déployées en harmonie sous les étoiles
et cette quiétude et cette sérénité
l'éternité est à nous dans ces instants si doux
hors du temps qu'il est bon de s'aimer en toute liberté
viens demain est un autre jour
ce soir je me sens aimant et aimé

Lorsque seuls les matins sont accueillants
sous les arbres qui se languissent d'un peu de vent,
lorsque les oiseaux sont essoufflés dès le petit matin,
lorsque le bonheur est en chemin sous une chape de plomb,
lorsque je ne vois que toi comme seul horizon
et la réclusion dans la fraîcheur de la maison,
l'été fait son chaud sans aucune compassion.

Le ciel est torride
les bronches crament avidement
dans l'étuve vorace d'un temps
tonitruant. Respirer respirer
dans un coin ombragé de sa tête
il est des jours où il faut aller au plus pressé.
Il faut bien que les saisons s'expriment en toute liberté.
Qui a détraqué le climat ?

Je ne comprends pas ces gens qui brûlent un centre de vaccination
je ne comprends pas cette infection d'intolérance
je ne comprends pas cet aveuglement sourd cette surdité aveugle alentour
je ne comprends pas les intégrismes et les radicalités
je ne comprends pas cet autoritarisme liberticide
je ne comprends pas cette violence cette dictature des opinions
je ne comprends pas ce manque d'empathie et d'ouverture d'esprit
je ne comprends pas ces idiots utiles à l'État pour cacher son incurie

je ne comprends pas ce manque d'amour et de discernement
je ne comprends pas ce besoin d'avoir raison contre les autres
je ne comprends pas ce manque de dialogue et de solidarité
je ne comprends pas ceux qui prétendent défendre leur liberté
au mépris de celle de leur prochain l'humanisme perd-il la raison
je n'ai pas réponse à tout je ne suis sûr de rien je ne suis qu'un humain
qui cherche l'amour dans un monde en train de devenir fou
pourquoi tant de mépris d'égoïsme de virulence haineuse
pourquoi tant de poisons infertiles quelle dérision
ce virus révélateur de nos petitesses de nos angoisses et de notre déraison
alors que le mal est ailleurs il trône cyniquement dans son Olympe
bien plus viral qu'un virus fruit de l'insouciance matérialiste et
consumériste qui nous dévore dans un chacun pour soi égocentré
pourtant la vie est si belle la vie est si simple lorsqu'on ouvre
humblement les yeux sur cette Terre qui nous a tant donné

La solitude attendue comme un soulagement
les paupières closes sur un voluptueux relâchement
plus rien n'existe plus rien n'est primordial
que se fondre dans la nuit dormir avec les étoiles
délivrance des sens et de l'esprit
je ne pense plus je suis
dans l'absence de conscience
la solitude enveloppante de la nuit
douce petite mort savoureux réconfort
blotti au fond de soi dans la soie du crépuscule
dormir

Tu vas mourir
comme tout le monde
tu vas y passer
tôt ou tard tu vas y passer
et tu n'emporteras rien avec toi
alors pourquoi
pourquoi t'alourdir la vie
à thésauriser exploiter écraser
consommer consumer conspirer
pourquoi tant de cupidité de vénalité
ne vaut-il pas mieux partir sur la pointe des pieds
rempli d'amour
juste rempli d'amour et de liberté
rien ne m'appartient
toute possession est illusion
on ne possède que ce qui nous éclaire
le reste est dispersion fuite en avant
et convulsions matérialistes
vous allez mourir réveillez-vous
ne perdez pas votre humanité
elle est plus précieuse que vos sous

Je souris
pourquoi je souris
je ne sais pas pourquoi je souris
je souris
je suis heureux soudain
d'un bonheur impromptu
impromptu comme la vie
je souris
je saisis au vol le bonheur qui passe
pourquoi je souris
pour rien pour tout
le temps d'être surpris
par cet instant fugace qui me dit que je suis en vie
rien n'est plus imprévisible et libre que le bonheur
lueur insoumise qui fait scintiller les jours

Ô réseaux sociaux
confessionnaux de tous les maux
convulsifs
parvis virtuel des commérages
compulsifs
déversoir des misères humaines en peine de vie
dépotoir d'amertumes et de rancunes
où est la décence où est la dignité
déballer s'étaler se répandre se perdre
prendre à témoin à défaut de se prendre en main
devant ce mur des lamentations désincarnées
cette mort des relations incarnées

Ô réseaux sociaux
pourtant on peut y rire sourire découvrir réfléchir
rêver partager oui partager de la légèreté avec légèreté
de la liberté de l'humanité de la beauté
apporter de la lumière un peu de bonheur

dans un monde désubstantialisé mais comment assumer
ce qu'on jette en pâture à la complaisance compassée
du cortège compatissant des consolateurs du Web
la vacuité relationnelle ne fait-elle pas le miel de la superficialité

Voyager dans le silence impénétrable d'une nature debout sous un ciel éblouissant se laisser porter par les frémissements
d'un air indolent
je flotte
flatté par la volupté du temps
d'un regard reconnaissant
le singulier est dans le pluriel la singularité dans la pluralité
de ce qui nous entoure
comment faire ressentir la profondeur du lien qui nous lie à la Terre
je suis mon propre silence

Écrire éteint
les mots atteints
d'engourdissement soudain
extraire péniblement des phrases horizontales
d'un gisement en fin d'exploitation
se contenter de quelques pépites grappillées jour après jour
par amour de la vie des mots ou des mots de la vie
il suffit de si peu pour créer du sens

Je ne sais plus le goût de ta peau
je ne sais plus le son de tes soupirs
je ne sais plus la volupté de nos émois
je ne sais plus la hardiesse de nos épopées épiques
mais je sais la lumière de notre amour
je sais la musique de tes fous rires
je sais le bonheur qui nous inspire
je sais la chaleur de tes bras
je sais le baume de tes mains sur moi
je sais que je t'aime à en mourir

Averse de mots
sur la campagne grise
il tombe des cœurs
sur cette terre insoumise
apportant un peu de lueur
à une réalité déprise
d'une certaine humanité

Soudain ce silence assourdissant
qui m'envcloppe d'une sérénité surnaturelle
Je n'entends plus rien
que le son de mes pensées sans interférence
dans la profondeur d'une nuit intemporelle
Je ne suis plus que moi

Il suffit de peu, mon amour,
il suffit de si peu
pour être heureux.
Je n'ai presque plus rien,
pourtant j'ai tant,
tant et plus
nourri par de petits riens.
Viens dans mes bras
qui sait que sera demain ?
Il suffit de peu et tout
va son chemin.

Je n'ai pas la vérité
je n'ai que ma vérité
laquelle doute souvent d'elle-même

qui serais-je pour avoir raison contre les autres
avoir raison pour soi c'est déjà beaucoup

pourquoi avez-vous ce besoin de convaincre
envers et contre tout

par peur d'avoir tort

Je suis mort
dans le décor des jours
décor immuable
du fil qui s'effile
dans la brasure du temps
suis-je plus vivant que mort
ou plus mort que vivant
dans ce monde spasmodique
je suis mort en venant à la vie
je serai vivant en allant à la mort
ainsi va tout ce qui est et qui sera
éternellement présent au temps
je t'aime si intensément
toi qui me donnes sans compter

Par amour
je me noierai dans tes yeux
par amour
je te cueillerai des bouquets d'étoiles
par amour
je t'ouvrirai des horizons de libertés
par amour par amour
rien n'est trop dur pour moi
rien
que de te voir à bout de force
pleurant d'impuissance à être invincible
par amour
je me rendrai invisible
pour ne pas altérer ton éclat sensible
par amour

Merci
pour ces sourires ensoleillés
merci
pour ce nouveau jour plein d'aménité
merci
pour ton amour qui m'a transformé
merci
pour le temps qui passe sur mes pensées
merci
pour la vie qui m'a tout donné
pour l'inconnu la vacuité
pour le bonheur d'exister
et de me perdre dans mes vérités

Elle déployée
je vole le cœur choyé
sur sa vie ailée

Sur les ailes nues
d'un cœur qui sourit d'amour
j'aperçois le jour

Tu es prisonnier au paradis
ton seul horizon est le temps qui passe
tantôt serein tantôt interminable
tu es prisonnier au paradis
contemplant l'espace avec nostalgie
dehors c'est ailleurs dehors c'est loin
c'était avant
c'est quelque part dans ta mémoire
tu es prisonnier au paradis
jusqu'à la folie
tu es prisonnier de toi-même
lève-toi et marche

Je suis épris d'une étoile
fileuse de bonheurs
de petits bonheurs et de générosités infinies
à dégoûter la lune et à époustoufler le soleil
elle vacille sur l'horizon petite étoile vaillante
Grande sorcière qui éclaire les émotions
de son firmament pudique et inspiré
je suis épris du ciel
car elle est mon azur

J'ai oublié la chaleur de sa chair
la saveur de sa peau
la mélopée de ses extases
j'ai oublié sa voracité et la volubilité des sens
mais il reste enfouis dans ma mémoire
les échos d'une charnalité joyeuse
le passé n'est jamais loin lorsque le présent fredonne
il suffit de le respirer pour vivre encore

La vie est belle sous un soleil d'été déclinant
pas un frémissement alentour
la nature sommeille
seuls deux écureuils taquins se poursuivent
sur le tronc impassible d'un vieux pin parasol
la vie est un enchantement

Je veux tout et son contraire
je veux tant et si peu
si peu avec un corps qui peut moins
et c'est encore trop apparemment
alors je veux tout autrement
car tout est permis
à un regard frais et avenant

Le monde va mal
les réseaux sociaux dégoulinent
d'intolérance de bêtise de racisme
de beauferies de discriminations
et de jérémiades à gogo
le monde va mal
les réseaux sociaux mènent le bal
on se cache derrière des pseudonymes
pour mieux jeter ses boules puantes
partager ses rancœurs ou ses malheurs
le monde va mal
je crois que je vais aller sur la lune
les extraterrestres cultivent peut-être plus
le culte de l'amour et de la bienveillance
le « voir midi à sa porte » est lassant

Z'avez vu les zombies venus de l'Est
regards explosés tenant à peine debout
c'est terrible d'être vampirisé par l'amour
lorsque l'enfant paraît le temps disparaît

Les pieds sous la table
il se laisse servir
par bobonne qui s'affaire
pour le nourrir
ainsi va le machisme ordinaire
il y a du boulot sur Terre

Je vieillis
j'ai des dents de scie
et des œils de verre
j'ai le zizi rabougri
et le pif plein de vers de terre
le corps de travers
et le cœur à l'envers
je vieillis mais
j'aime la terre entière
enfin presque
faut pas pousser pépère
dans les mauvaises affaires

Nuit profonde
obscurité intense
paisible solitude
mes pensées se diluent

je m'enfonce dans la vie en suspens
apesanteur sublime
je dors à la gloire de l'amour

J'ai des bouffées de bonheur
comme tu as des bouffées de chaleur
à chacun sa mémopause
je me souviens de tant de choses
que j'ai oubliées
sauf les petits moments de bonheur

Je suis un bouffi décati
c'est toujours mieux qu'être un bouffon mal dégrossi
mais quand même
ça fait replet repu
repu de quoi je ne sais pas
de toute façon ça ne vous regarde pas
je suis bouffi de boursouflures
comme d'autres sont bouffis d'orgueil
Deneuvre quel est ton secret
je suis replet d'être repu
« Beau mâle » a viré au jus
comment séduire
mais comment encore séduire
dans ce coucher de soleil
repu de lumières
allô Monsieur le façadier
faudrait me refaire le crépi
il n'est plus diététique

Je ne pénètre plus que ton âme
mon amour ma flamme
le temps a passé sur nos vérités
il nous reste la réalité
d'un amour libéré
de tout faux-semblant

Je ne pénètre plus que tes pensées
celles qui me font vibrer
lorsque tu te mets à gazouiller
extase verbale jusqu'à la volupté
des sens enivrés
par ton bagout caracolant

Cette envie de pleurer dans le ventre
devant l'impuissance à être moi
mon corps ne m'appartient pas
je ne m'appartiens pas
toutes ces immixtions quotidiennes
toutes ces énergies disparates
dans mon intimité mon intime mité
toutes ces mains toute cette agitation
ce va-et-vient cet envahissement
eux chez moi CHEZ MOI
ne me touchez pas ne me touchez pas
je ne me supporte plus
la liberté c'est quoi
j'ai fait le tour de ma prison
où est la raison
dans la résignation ?
Je m'épuise dans un piège à cons
une voie sans issue
je n'ai pas le choix crois-moi

Les jours s'écoulent
plus rien ne presse
désormais je paresse
j'aime paresser
en égrenant l'amour

Sans toi je serais lourd
de l'agitation autour
de mon âme oppressée
par ces énergies avariées
de ne pas oser exister

Ô soleil
ébullition du ciel
réchauffe mes os
contrits par les maux
d'une vieillesse vénielle
je ne suis qu'un lézard
amoureux du hasard
et de la liberté

           Fulgurant le bougainvillier croît
            élan irrésistible d'une nature
              à l'assaut de la vie
            sur la façade ensoleillée
                de mon âme
              fleurie d'amours
                lumineuses

Je pleure la Terre qui meurt
je plains les cons qui la tuent
spéculation et individualisme
la roulette russe n'est pas la même pour tous
Clamser pauvres gens le capital vous le rendra
cet égoïsme cynique persuadé
que ça n'arrivera qu'aux autres ou qui
pense « après moi le déluge »
consommation et confort jusqu'à l'absurde
Que reste-t-il d'humain à tant d'humains
je pleure la Terre qui meurt
le bon sens est en friche et la solidarité en berne
touche pas à ma liberté de crever de me croire libre
juste en refusant de me priver de mon aisance
à chacun son carburant et
les autres n'ont qu'à commencer
La liberté est corrompue la liberté est frelatée
on en fait n'importe quoi pour ne pas ouvrir les yeux
pour ne pas frustrer un ego qui va à vau-l'eau
La Terre meurt et je demeure
impuissant et triste
d'être un pollueur conscient et contrit
fruit d'une culture dératée
pervertie le progrès capitalistique

Je suis ombre et lumière
j'ai ma part de mystères
qui marche de guingois
sous le toit du temps
témoin de mes errements
je suis ombre et lumière
tu crois me connaître
mais que sais-tu réellement
puisque je suis mon propre mystère

Prendre la tangente
ou regarder par la fente
le temps qui passe
le temps qui pisse
sur les jours qui baissent
et les gens qui stressent
les gens qui paissent
les gens qui poissent
dans le pré des morosités
je ne suis qu'hilarité
de mon horizontalité
quelque peu débauchée

Il touille il triture il tapote il tranche il racle il tasse
toc toc tac tic toc tic
les oreilles crissent
l'assiette glapit la nourriture couine
avant d'être engouffrée gloutonnement
dans la bouche stressée
maman ! où est le plaisir dans cette agitation
la vie devrait se savourer
se déguster à chaque instant
bouchée après bouchée
comme une nourriture de l'âme

T'as vu les zizis avachis
dans leur slip décati
qui glandent en songeant
avec nostalgie à avant
au temps où ils étaient
vaillants et pleins d'allant
en sirotant une petite verveine
devant une série sans haleine
regarde les zizis pantelants
ils ont cessé d'être arrogants
ils gouttent misérablement
tels des robinets fuyant d'ennui

Automne
horizon monotone
et cette lassitude diffuse
de celui qui a tout donné
je ne suis pas de ce monde
l'ai-je jamais été
je contemple l'absence
tout est vacuité
les jours m'acculent
je m'emmitoufle au creux du lit
comme je me blottis dans les bras
de mon aimée
apaisé

Que serais-je sans elle
mon attention incarnée
qui scintille au coucher du soleil
de toute son humilité ?

Le bougainvillier
empli de fleurs réjouies
irrésistible grimpe sur son ciel de vie
rien n'arrête l'exubérance
de la beauté en transe

Le nez goutte
et les gouttes se gâtent
gode save the pine
je suis en panne de peines
ou peut-être
en peine de pannes
le Monde va trop bien
pas assez de pauvres
trop de n'importe quoi
la Terre va crever
et l'Homme avec
restera les poissons et les éléphants
enfin libres

Dis comment est la chaleur d'un corps blotti
je l'ai oubliée
je ne suis plus
qu'un objet voûté non incarné

Soleil mon amour
qui illumine mes jours
je n'aime que toi
je ne désire que toi
tes caresses avenantes
sous la frondaison indolente
d'une nature foisonnante
Soleil mon amour
redonne-moi le jour
de ton exaltation sans détour

Nuit noir froid pluie l'ennui
l'ennui qui fuit

l'hiver
je suis joie
près de toi
je suis le jour dans tes yeux

L'enfer me ment
tout le temps
entre quatre murs
éclats de soleil dans la chambre
rayons de lumière sur la vie
l'enfermement du temps
qui suspend les jours
aux tic-tac de l'amour

Le soleil la mer l'amour
son baiser en point d'orgue
éblouissement du cœur
et de l'esprit révélé
la mer irradie d'énergie paisible
à portée de main et de sérénité
mouettes indolentes et fières sur la plage
la Terre tourne autour de moi
Le Phare pas à pas nourrit
ma contemplation enrobée
de soleil de mer d'amour
jusqu'au baiser de velours
sur la jetée ensoleillée de vie
un jour d'automne
Je compte les jours du tant qui passe
du tant passé
chaque seconde la vie se dilue
dans l'infini

        d'une éternité
    aussi belle que l'amour
        qui nous ravit
      nous sommes temps

La morosité
s'est emparée du soleil
un jour de grêle

Le bonheur est une fleur
l'amour est une folie
la vie est un chemin
je suis l'horizon
qui mène à toi

Quand arrivera le temps où ton sexe ne sera plus
qu'un bout de chair pantelant
et que tes pensées seront aussi flasques que tes fesses
                      rappelle-toi
que tu fus arrogant et prétentieux
un mâle aux sourires émaillés de certitudes
            et l'humilité te submergera
tu penseras peut-être que c'est un peu tard
mais il n'est jamais trop tard pour s'assagir

Les nuages en sang coulent sur l'azur
traînées flamboyantes qui happent les yeux
le temps d'une fulgurance somptueuse surgie de l'aurore
telle une épiphanie céleste

Mon doux lama
aux yeux soyeux
le cœur aussi limpide
qu'un lac montagneux
mon cadeau quotidien
ma chilienne insoumise
qui va de sagesse en folie
l'amour de toi me démunit

Je me sens petit

La nuit dévore le jour
l'hiver accourt
la nuit se noie et se mue en moi
dans les premiers frimas d'automne
comme le temps se plie à cette fatigue indésirable et monotone
je crois en toi
par-dessus tout
tu m'as conquis
c'était en automne
au-dehors il faisait froid au-dedans il a fait chaud

J'me lave p'us
j'sue j'pue
j'me tue
à rester dans mon jus
pour mariner dans la paresse
c'est si bon d'rester sur ses fesses
à contempler l'absolu
quand les autres stressent

J'écris au compte-gouttes
des mots goutte-à-goutte
mon cerveau broute une herbe hallucinée
et s'égoutte sur le bord de l'évier
j'ai le verbe qui se dérobe sous ma robe d'apparu
j'ai un doute
j'existe encore ?

Bouffarde entre les lèvres
et puis et puis
le temps se dilue dans la fumée
je souris et puis
la vigne flétrit mais pas le rhum

Seul au fond de mon lit
je suis
enfoui dans mes songes d'infini
c'est si moelleux la vie la nuit

Aujourd'hui
j'ai dormi
si
je vous garantis que j'ai dormi
et hier aussi
j'ai dormi
tout le jour
la nuit j'ai réfléchi
ou j'ai fait comme si
je dors je dors
je disjoncte je me dissipe
je m'effondre telle une ombre froissée
éconduit par l'envie de folie
je suis court-termiste de la vie
à tout de suite peut-être
maintenant je dors
en catimini
« entendez-vous dans nos campagnes
ronfler ces féroces soldats »
à chacun sa tranchée
de vie

Les maux peuvent être romantiques
lorsqu'un rayon de soleil dessine une mosaïque
sur un coin de mur langoureux au petit matin

C'est effrayant
ces monstres qui nous gouvernent
hommes et femmes opportunistes cyniques menteurs et méprisants
sacrifiant le « petit peuple » ses libertés ses droits ses rêves
pour des dividendes et des prébendes

c'est effrayant
ces vampires qui nous dépècent
ne pensant qu'à produire s'enrichir et nourrir
leur ego bouffi et rance

le pouvoir rend fou l'argent rend fou
tu ne vaux rien de plus que ta rentabilité

Et grâce à eux
tu vas mourir plus vite
tu viens de naître ou tu vas naître
et tu vas souffrir
de Glasgow à Canberra
parce que tes congénères ont
égaré le sens de la solidarité et de l'insurrection
ils sont laxistes ou inconscients ou résignés
face à ces monstres sinistres idéologues sans vergogne ni états d'âme
qui amassent avec cupidité

la Terre crève à petit feu dans des convulsions nauséeuses
tu vas naître
mais pour vivre quoi ?
L'urgence des millionnaires n'est pas celle des précaires.

Ces corps qui dansent
un désir intense
où sont-ils passés sur l'avenue du temps
ces corps en transe
au bout de la jouissance

Je fantasme des pléonasmes érotiques
comme des ronds dans l'eau
la chair n'a pas d'âge tant qu'elle est faible et
la vie est un rire lorsqu'elle soupire entre ses lèvres

Ce pot aime sans pudeur
le petit cul plein d'odeurs
qui trône avec ferveur
sur son affable rondeur
pipi caca dodo
la poésie est partout
où la rime a raison
de l'altérité en chaussons

Sentir soudain le sourire poindre sous la morosité
et s'illuminer
La vie n'est pas donnée

Mes nuits sont plus longues que vos jours
mais où ai-je rangé ma cocaïne
La vie n'est pas vraiment donnée

Sentir cette brusque bouffée d'allégresse irradier le cœur
et sourire à la vie
du soleil au bord des lèvres

Mes jours sont plus courts que vos nuits
où as-tu mis la cocaïne mon amour
j'ai du soleil au bout des mots

Entends-tu le rire au fond de moi ?
L'entends-tu ce rire
enrobé de mélancolie ?
Mélancolie d'une vie suspendue à elle-même.
J'aime le rire de l'amour plein de vies
égaré dans le sous-bois de mes pensées futiles
comme des pots-pourris du siècle dernier.

Une vie horizontale en mal de verticalité

j'ai perdu pied
depuis que j'ai la tête dans les étoiles
je suis dans la lune les jours d'errance diurne
cherchant la plume de mon ami Pierrot
Pierrot le fou évidemment

Une vie horizontale en mal de verticalité
il faut se méfier des animals blessés

Nos cœurs ne s'éloignent plus
nos corps ne se rapprochent plus
le temps nous sépare peu à peu et
chaque instant nous unit plus fort
libres nous sommes libres
        de vivre
car nous sommes ivres
        de vie
et vous ?

Je dors entre mes anges
qui dorment sur un nuage
suspendu aux cieux
maintenant à jamais
        et pour toujours
                au fait
nous sommes quel jour

Amène
une pinte de rhum
du chaix qui chuinte
comme un petit vieux
la vie est un alcool
dont le bonheur suinte
entre mes dents de lait

Je danse sur les nuages de la vie
je danse sur ses lèvres qui me sourient
je danse sur le temps qui me fuit
je danse sur les braises de notre amour
je danse sur les vagues de mes jours
je danse je danse je danse
et je panse ce qui peut être pensé
chaque instant est si dense
que j'en oublie de respirer

Ma sangsue alitée
conspire un con centré sur
de douces trivialités

Bonjour la lune
mon amour nocturne qui
m'enveloppe d'or
dans un halo de brume
et de rêves émiettés

Disparaître entre les mots
pour ressusciter entre les lignes
poète l'éternité est en toi
toi qui es la romance rugueuse
d'une existence impérieuse

Morose la rose fane sur un lit hivernal
le temps presse l'orange du marchand d'âmes
pendant que le soleil danse sur la toile de l'amour
j'ai soif encore et toujours d'un autre jour
laisse-moi me désaltérer à tes lèvres de velours

Hôpital
où t'as mal
j'ai mal à l'appétit à force de bouffer de l'informe de l'infâme et de l'infecte tambouille sans saveur ni empathie
j'ai mal à la tête à force d'halluciner de déconcerter de dépiter et de dépérir d'incohérences et de négligences médicales d'ennui et d'inappétence
j'ai mal au temps qui n'en finit plus de ne pas passer dans une supplique désespérée : ô temps suspends ton viol des heures si peu propices à l'exubérance des cœurs
j'ai mal à une cynique politique sanitaire contaminée par le capitalisme viral
j'ai mal d'être ici et pas ailleurs que dans cet
hôpital
  plein de remugles insipides de petits ou grands malheurs de douleurs et d'attentes interminables

Mange et repentis-toi d'être entre mes murs si bienvaillants et si malvenus
je vais te faire passer l'envie de vivre à coups de repas indigents et de doutes indigestes
ici tu n'es plus qu'un légume rance moite et suppliant ballotté par les vicissitudes tourmentées des aléas du vent et des doctes oracles curatifs
hôpital
où t'as mal
dis-moi où t'as mal et je te dirai ce qui t'attend
entre mes murs aussi blancs que ton teint

Ne blâme pas le blues qui brâme dans la brume d'un bulbe barbouillé de barbituriques
blouses blanches blues blêmes
cette musique que j'aime sur la guitare de mes jours me possède d'amour
ne brime pas l'amour qui brûle de swinguer dans les bras de l'humanité
j'aime pécher sans détour sur le parvis de notre éphémère séjour
viens ma douceur viens mon infinitude allons faire un tour
avant que ne tombe la nuit

Y a-t-il un cuistot au Paradis
                étoilé de préférence
car depuis mon enfance je panse
je panse donc je suis un gastronome invétéré
Lève-toi et mâche qu'on m'avait dit alors
et je mâche Dieu que je mâche à en oublier de me lever

         tous les jours
Y a-t-il un gastro au Paradis
en enfer y a que des fast-foods
sinon je ferai un détour je prendrai le temps en dégustant inlassablement
la vie l'amour et les beaux jours
et toi évidemment mon cordon bleu comme tes yeux
je suis un amant gourmand

Délivrez-vous
de tous ces egos infects et infatués
ce ramassis d'opportunistes cyniques à souhait
gavés de pouvoirs et d'entregent
entre gens du même monde évidemment
des bonimenteurs rien que des bonimenteurs
hâbleurs à géométrie variable
mais le Peuple n'est pas du vent
à l'instar de ces commerciaux idéologiques
il prend son mal en grippe le petit peuple
il ronchonne mais il reste indolent
en attendant d'être délivré de tant de mépris mercantiles

L'humain n'est plus qu'un coût sans valeur autre que
les dividendes qu'il rapporte
les intérêts partisans priment sur l'intérêt commun
écrasant la Commune dans des affronts impopulaires
bouffis de profits
Délivrez-vous du mal avant qu'il ne soit trop tard

Mon amour ma flamme
ma source vive ma ressource d'âme
dans tes yeux immenses
le monde proclame
la douceur des rires qui nous enflamment
Tout n'est que recommencement

Du même auteur

Autobiographie
À contre-courant, 1ᵉ édition, Desclée de Brouwer, 1999. 2ᵉ éditions, Worms, Le Troubadour, 2005 (épuisé).
En dépit du bon sens : autobiographie d'un têtard à tuba, préface ONFRAY M., Noisy-sur École, L'Éveil Citoyen, 2015 (épuisé)

Poésie
Toi Émoi, Worms, Le Troubadour, 2004
Corps accord sur l'écume Worms, Le Troubadour, 2010
Ikebana effervescent, Worms, Le Troubadour, 2012
Le jeune homme et la mort, Worms, Le Troubadour, 2016
Les chemins d'Euterpe, Autoédition MN, 2018
Divins horizons, Autoédition MN, 2020
Récoltes verticales, 1999-2002, Marcel Nuss, 2018
Femmes libertés, Autoédition MN, 2021
Allègres mélancolies, Autoédition MN, 2021
Les foudres d'Éros, Autoédition MN, 2019
Sérénité, Autoédition MN, 2019
L'existentialisme précaire d'un têtard pensant, Marcel Nuss, 2018
Chroniques poétiques, Autoédition MN, 2021
Le quotidien des jours qui passent, Autoédition MN, 2020

Essais
La présence à l'autre : Accompagner les personnes en situation de dépendance, 3ᵉ édition 2011, 2ᵉ édition 2008, 1ᵉ édition 2005, Paris, Dunod.
Former à l'accompagnement des personnes handicapées, éditions Dunod, 2007 (épuisé).
Oser accompagner avec empathie, préface COMTE-SPONVILLE A., Paris, Dunod, 2016
Je veux faire l'amour, Paris, Autrement, 1ère édition 2012, Autoédition, 2ᵉ édition 2019.
Je ne suis pas une apparence, Autoédition MN, 2021

Romans érotiques
Libertinage à Bel Amour, Noisy-sur-École, Tabou Éditions, 2014 (épuisé)
Les libertines, Paris, Chapitre.com, 2017 (épuisé)
Le crépuscule d'une libertine, Paris, Chapitre.com, 2018 (épuisé)

Réédition en version originale :
La trilogie d'Héloïse, Autoédition MN, 2021
   1 Con joint
   2 Con sidéré
   3 Con sensuel

Nouvelles
Cœurs de femmes, Paris, Éditions du Panthéon, 2020
Ruptures, Paris, Éditions Saint-Honoré, 2021
Incarnations lascives, Autoédition MN, 2021

Sous le pseudonyme de Mani Sarva
Horizons Ardents, Paris, Éditions Saint-Germain-des-Prés, 1990 (épuisé).
Divine Nature, prix de la ville de Colmar 1992, Éditions ACM, 1993 (épuisé).
Le cœur de la différence, préface JACQUARD A., Paris, L'Harmattan, 1997

Essais en collaboration avec :
COHIER-RAHBAN V. *L'identité de la personne « handicapée »*, Paris, Dunod, 2011
ANCET P. *Dialogue sur le handicap et l'altérité : ressemblance dans la différence*, Paris, Dunod, 2012

Essais dirigés par l'auteur
Handicaps et sexualités : le livre blanc, Paris, Dunod, 2008
Handicaps et accompagnement à la vie sensuelle et/ou sexuelle : plaidoyer en faveur d'une liberté !, Lyon, Chronique Sociale, 2017